BARREAU DE PARIS

DISCOURS

PRONONCÉ

PAR

Mᵉ HENRI BARBOUX

BATONNIER DE L'ORDRE DES AVOCATS

A L'OUVERTURE DE LA CONFÉRENCE

LE 29 NOVEMBRE 1880

IMPRIMÉ AUX FRAIS DE L'ORDRE

PARIS
IMPRIMERIE ARNOUS DE RIVIÈRE
26, rue Racine, 26
—
1880

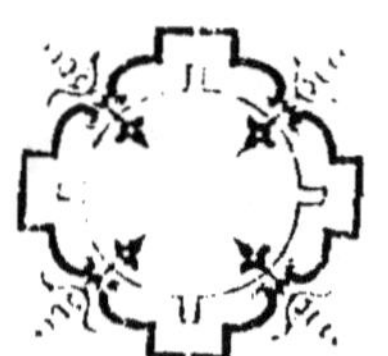

DISCOURS

PRONONCÉ

PAR

Me HENRI BARBOUX

Bâtonnier de l'Ordre des Avocats.

BARREAU DE PARIS

DISCOURS

PRONONCÉ

PAR

Mᵉ HENRI BARBOUX

BATONNIER DE L'ORDRE DES AVOCATS

A L'OUVERTURE DE LA CONFÉRENCE

LE 29 NOVEMBRE 1880

IMPRIMÉ AUX FRAIS DE L'ORDRE

PARIS

IMPRIMERIE ARNOUS DE RIVIÈRE

26, rue Racine, 26

1880

DISCOURS

PRONONCÉ

PAR

Mᴮ ʜᴇɴʀɪ BARBOUX

Bâtonnier de l'Ordre des Avocats

A L'OUVERTURE DE LA CONFÉRENCE

LE 29 NOVEMBRE 1880

Mᴇs ᴊᴇᴜɴᴇs ᴇᴛ ᴄʜᴇʀs Cᴏɴғʀᴇ̀ʀᴇs,

Nous ouvrons aujourd'hui la conférence du stage, et le premier devoir de la charge que vos anciens m'ont confiée est de diriger les exercices qui préparent votre carrière, en assurant l'avenir de l'Ordre. Leur importance est extrême, et ceux qui les négligent ne se doutent guère du tort souvent irréparable qu'ils se font. Sans doute on peut plaider et bien plaider sans avoir pris part à vos travaux. Mais rien ne vaut, croyez-le bien, les leçons que vous vous donnez ici les uns aux autres. Les questions que vous discutez permettent presque toujours de mêler des considérations élevées aux déductions plus humbles de la controverse juridique, et vous donnent ainsi l'occasion de chercher la noblesse en fuyant la déclamation. Vous les plaidez devant des juges éclairés et pénétrants au milieu desquels s'écoulera votre carrière; vous contractez ainsi l'habitude de cette vie commune qui est la nôtre; vous ébauchez des amitiés précieuses que fortifiera plus tard le partage des mêmes travaux, et dans la chaleur de ces premiers combats germe la semence de cette confraternité du barreau qui fait l'urbanité de nos mœurs, la franchise courtoise de nos relations, et le charme de notre vie à la fois si profond et si doux.

Puis, dans des entretiens plus intimes, vos anciens se mêlent à vous; ils vous expliquent nos règles, vous initient à nos traditions, et vous préparent à en recevoir à votre tour le dépôt, en faisant pénétrer peu à peu dans vos cœurs ces sentiments d'amour ardent de la justice, de délicatesse scrupuleuse et de dignité jalouse, sans lesquels on peut entendre les affaires et les bien expliquer, mais sans lesquels on n'est jamais un véritable avocat.

Eh bien! mes chers confrères, pendant les années que j'ai passées au Palais, entre la place où vous êtes assis, et celle à laquelle m'a élevé une affectueuse et trop indulgente estime, j'ai entendu plus d'une fois critiquer la sévérité de nos règles; j'ai entendu dire que, venues de si loin et portant encore la marque du temps où elles ont été d'abord pratiquées, elles ne répondent plus, sur tous les points, aux besoins de la société nouvelle; que la transformation de la richesse publique et l'importance croissante des grandes opérations commerciales ont profondément modifié la nature des contestations et des services que la société attend de nous; que le cadre dans lequel nos traditions et nos règles renferment l'avocat est trop étroit, et que le temps est venu de lui permettre, avec des allures plus libres, une activité plus féconde et plus utile.

A côté de ces critiques, vous entendrez exprimer des regrets qui leur sont contraires. Vainement, dit-on, nous avons la prétention de demeurer immobiles au milieu du courant qui emporte la société tout entière; nous dérivons avec lui, sans nous en apercevoir; nos mœurs ne sont plus les mêmes; le souffle de l'industrialisme a passé sur elles et les a altérées; la discipline a fléchi; et la politique, apportant au milieu de nous ses passions et ses colères, a changé la douceur et l'aménité de nos relations, en relâchant les liens de la confraternité.

Ces plaintes sont-elles justes? Ne sont-elles au contraire que l'erreur d'esprits trop enclins à la nouveauté ou à la crainte? Nos mœurs, c'est-à-dire la façon d'entendre et de pratiquer nos règles, ont-elles changé? Doivent-elles changer encore? Devons-nous nous relâcher de nos anciennes sévérités, les maintenir ou les accroître, pour mieux répondre aux besoins des plaideurs? Quel avenir réserve à notre Ordre le principe démocratique qui pénètre partout et semble vouloir donner une forme nouvelle à toutes les institutions? Questions d'un puissant intérêt, aussi bien pour ceux à qui le temps permettra de vérifier l'exactitude des solutions que nous cherchons, que pour ceux à qui il est au moins permis de s'efforcer de les pressentir et de les préparer.

On a dit bien souvent que s'il y a des avocats partout, on ne rencontre nulle part une institution comparable à celle du barreau français. Il y a peut-être quelque excès dans cette affirmation, et l'observation plus exacte des mœurs judiciaires des pays voisins conduit au contraire à penser que le corps des avocats a conquis un haut degré de puissance et d'honneur, partout où ils ont placé au premier rang le soin de la dignité, partout où ils ont revendiqué pour leur parole une liberté absolue, dans les limites tracées par le respect et les convenances, partout en un mot où ils ont été dirigés par l'esprit qui nous anime depuis tant de siècles.

Cependant il faut reconnaître que notre organisation judiciaire a merveilleusement contribué à former les maximes et la discipline du barreau. Jusqu'à Louis XII et François Ier, les avocats du commun, pour parler le langage du temps, plaidaient pour le Roi, et les avocats du Roi plaidaient et consultaient pour les parties dans toutes les causes où le Roi n'était pas intéressé. Cet usage qui s'est conservé en Angleterre jusqu'à nos jours, cessa en France sous Henri II; mais la distinction plus nette des emplois relâcha, sans les rompre, les liens qui unissaient la magistrature au barreau : Pasquier, qui commença à plaider sous Henri II et Loysel qui écrit sous Henri IV attestent que « l'état d'avocat « n'avait pas cessé d'être l'échelle par laquelle on mon— « tait aux plus grands états et dignités du royaume. » Presque tous les grands avocats de ce temps acceptaient des charges de judicature; quatre de Thou quittèrent successivement notre robe pour prendre celle du magistrat. Aussi, tandis que presque partout, aujourd'hui même, l'avocat est le simple mandataire de la partie, n'ayant d'autres droits et d'autres devoirs que ceux du plaideur lui-même, le barreau a toujours été considéré en France comme une partie du corps judiciaire, et lorsqu'il a cessé d'en remplir certaines fonctions, il en a gardé les habitudes, les scrupules, la fierté même, en un mot le caractère, avec ses qualités et avec ses défauts.

Maintenant, considérez la grande place que le pouvoir judiciaire s'était faite sous l'ancienne monarchie, ces audiences que Benvenuto Cellini, après avoir tâté de la justice florentine et de celle du pape, déclarait le spectacle le plus extraordinaire qu'il eût jamais vu, ces séances solennelles du parlement de Paris, auxquelles les souverains en voyage venaient assister pour entendre plaider de grandes causes par de fameux avocats, essayez de vous retracer cette pompe à laquelle la puissance royale ne dédaignait pas de s'associer, et vous comprendrez comment un barreau, puissant par le nombre, par la vertu de quelques-uns, par le talent de beaucoup, par la discipline de tous, n'a cessé de grandir sous le règne de Louis XIII et de Louis XIV, et comment il a pu mériter ces éloges de d'Aguesseau, dont l'excès nous effarouche, mais qui attestent au moins l'autorité et le respect que notre Ordre avait conquis par un attachemen de quatre siècles à des règles dont la sagesse éclate ainsi à tous les yeux.

Franchissons maintenant cent cinquante années. Le langage a changé, mais non les jugements. Vous aurez souvent dans votre carrière le plaisir d'entendre les magistrats les plus éminents admirer la constance de nos traditions, et s'étonner de la stabilité de notre Ordre, parmi tant de mouvements et tant de débris. Est-ce à dire que nous soyons restés les mêmes? Non à coup sûr. Idées, sentiments, habitudes, tout au contraire s'est modifié; et si nous avons gardé dans la société moderne une place au moins égale à celle que nous tenions autrefois, c'est précisément parce que nous ne nous sommes pas isolés d'elle, parce que nous nous sommes mis en marche avec elle, parce que nous avons toujours compris qu'avant tout il faut être de son temps, et qu'on peut en être sans en partager toutes les erreurs, sans en subir tous les préjugés, sans en courtiser les passions. Nous vivons moins au Palais que ne le faisaient nos pères; nos manières ont perdu l'uniformité qu'elles avaient autrefois; nos habitudes sont moins simples peut-être; mais nous avons gardé pour notre état le même amour, et bien loin d'adoucir la sévérité de notre discipline nous l'avons fortifiée; nous avons opposé des précautions nouvelles à de nouveaux dangers; et par ce lien des sacrifices volontairement acceptés, nous avons maintenu l'unité de l'Ordre, et accru encore la puissance dont il n'a jamais disposé que pour le bien public.

Le pouvoir judiciaire a de son côté, traversé la même épreuve et subi les mêmes changements, quoi que disent ceux qui l'attaquent et qui, trop soucieux de le rajeunir, veulent, comme d'habiles jardiniers, lui faire porter de nouvelles branches en retranchant impitoyablement les anciennes. Il y a des choses, mes jeunes confrères, dont il ne faut pas parler lorsqu'il ne convient pas de tout dire; et d'ailleurs l'amour que nous avons pour la Justice nous défend d'admettre le succès de tentatives qui supposent une bien grande ignorance ou un bien complet oubli des conditions essentielles qu'il faudrait accumuler, au lieu de les amoindrir, pour assurer l'impartialité du juge. Mais bien loin de trahir la faiblesse du pouvoir judiciaire auquel votre profession vous attache, ces efforts mêmes démontrent avec évidence la force qu'on lui reconnaît et qu'on lui envie. Tout d'abord son action a moins d'éclat que celle des deux autres pouvoirs; mais elle a bien plus de durée et d'efficacité. Il ne fait pas la loi; mais il l'interprète et quand vous étudierez l'œuvre de la jurisprudence, vous serez plus d'une fois conduits à vous demander, si celui qui interprète la loi a moins de puissance que celui qui l'a faite. Il n'agit pas de lui-même, et son action doit être provoquée par la plainte des particuliers ou du ministère public; mais toutes les grandes questions qui agitent la société mettent en jeu des intérêts, dont le conflit saisit les tribunaux, et quand un grand courant de jurisprudence s'en empare, rien n'égale la puissance de ces solutions, appuyées sur la seule autorité absolue devant laquelle les hommes consentent encore à s'incliner, celle de la chose jugée. Sans doute encore, le pouvoir judiciaire ne saurait assurer par lui-même l'exécution de ses décisions; mais telle est la force de l'idée qu'il représente que ses moindres commandements sont aussitôt obéis, et que pas un dépositaire de la puissance publique n'oserait refuser son concours à l'exécution de la sentence du plus humble juge de paix. Je sortirais de mon dessein en montrant, ce qui d'ailleurs est évident de soi-même, que l'autorité du pouvoir judiciaire et le respect qui s'attache à ses décisions doivent être encore plus grands dans une société démocratique soumise a un gouvernement républicain.

Tournez maintenant vos regards d'un autre côté, et voyez combien le champ ouvert à votre activité s'est agrandi. On a soutenu quelquefois que les gouvernements absolus étaient plus favorables au barreau que les gouvernements libres, parce que, au milieu du silence général, la voix des avocats était seule entendue; ce n'est là qu'un insoutenable paradoxe. Il est vrai qu'alors les moindres procès émeuvent l'opinion et assurent aux avocats un auditoire plus attentif; mais la vanité seule peut y trouver son compte. *Magna eloquentia, sicut flamma, materia alitur*, a dit Tacite. Tout ce qui entrave la liberté de l'esprit, tout ce qui comprime la pensée et l'oblige à se réfugier dans l'équivoque, enlève à l'éloquence son aliment et ses ailes; on raffine sur les mots; on apprend à dire avec élégance des choses sensées; on crible son adversaire, et au besoin le gouvernement lui même, de sous-entendus piquants et de réticences spirituelles; mais on n'entraîne personne; on ne domine pas les cœurs; on a beau toucher à l'éloquence et montrer qu'on en possède le don, les accents les plus forts expirent bientôt dans une atmosphère lourde et sans écho.

Au contraire, lorsqu'aucune entrave n'est mise à l'activité de la pensée humaine, lorsque les plus grands sujets lui sont livrés avec la liberté de les traiter à sa guise, lorsque chacun a le droit d'examiner les lois politiques et civiles, lorsque toutes les doctrines philosophiques, sociales ou religieuses sont sans cesse contrôlées et discutées; lorsque les partis, à la poursuite des suffrages, s'attaquent avec violence, il en résulte une agitation constante, une sorte de mouvement incessant et tumultueux qui fournit à l'éloquence judiciaire cent occasions de montrer de quelle force salutaire elle dispose pour soumettre ces passions ardentes au joug des bienséances

oratoires, et faire pénétrer dans ces querelles empor-
tées l'esprit de modération qui est l'honneur de la barre,
et le sage tempérament des lois.

Mais de nouveaux sujets vont s'offrir encore à vos
méditations et à vos études. La procédure criminelle sera
sans doute l'objet de réformes, et, si l'on en juge par
les projets déjà connus, ces réformes accroîtront dans
une large mesure le rôle de l'avocat dans la défense des
accusés. Au lieu de mendier le droit de communiquer, il le
tiendra de la loi. Il ne sera plus réduit à ne donner, presque
jusqu'au dernier moment, que de stériles consolations ;
on voudrait qu'en prêtant à son client une assistance plus
efficace, il pût fournir au magistrat la possibilité de s'en-
tourer de toutes les preuves, avant de prendre un parti
qui, quoi qu'on puisse dire ou faire, pèse toujours, comme
un préjugé redoutable, sur le prévenu ou sur l'accusé !
Sans méconnaître l'intention généreuse qui inspire ces
projets de réforme, j'en aperçois clairement les difficultés
et les périls. Mais en tout cas il est certain que le jour où
de pareils changements seraient introduits dans nos lois,
ce serait pour nous tous, mes jeunes confrères, une pratique
nouvelle à acquérir où toute la discipline devrait être em-
ployée à contenir les excès du zèle et à empêcher l'avocat
de compromettre son caractère par trop de condescen-
dance à servir les ruses légitimes d'un accusé.

Ainsi, le rôle du barreau s'en va grandissant à mesure qu'une liberté plus étendue pénètre dans les institutions et dans les lois. Mais je serais bien peu digne d'être

votre chef si je ne vous avais amené sur ce sommet et montré ces engageantes perspectives que pour enfler votre orgueil. J'ai été guidé par une pensée toute contraire. Plus épaisse est la moisson qui nous est offerte, plus il nous faudra d'efforts et de labeurs pour la recueillir; plus les services que la société attend de nous sont éclatants, plus nous devons nous attacher à cultiver les qualités professionnelles desquelles dépendent l'unité de notre Ordre, et l'estime dont il est honoré.

Or, notre bien le plus précieux, parce que sur lui repose toute l'utilité de notre institution, c'est notre indépendance; indépendance, vis-à-vis des clients aux passions desquels nous ne devons pas nous asservir, indépendance vis-à-vis des adversaires contre qui la loi nous permet les diffamations les plus cruelles, indépendance vis-à-vis des magistrats qui doivent entendre de nous toutes les vérités. Une liberté si étonnante engendrerait bien vite d'intolérables abus, si des règles vigilantes ne la contenaient à chaque instant; et, d'un autre côté, le dépôt de ces règles ne pourrait être confié à une autorité étrangère, sans que cette autorité ne devînt aussitôt maîtresse de notre liberté. Nos traditions ont résolu ce problème en nous chargeant de nous imposer à nous-mêmes une discipline qui devient ainsi la plus sûre garantie de notre indépendance, et la force de nos règles s'accroît du soin qui nous est laissé de les maintenir.

Jamais un plaideur ne comprendra qu'il ne vous soit pas permis de réserver pour l'audience une pièce décisive; il· lui importe peu que vous vous déshonoriez par des injures inutiles, si elles satisfont sa fureur ; il trouvera ridicule que vous ne puissiez pas vous charger de son pouvoir pour le représenter à d'importantes réunions ; il ne lui viendra pas à l'esprit que vous puissiez refuser de vous associer à ses entreprises ; toutes ces entraves lui sembleront contraires à ses propres intérêts ; et il aura souvent raison de penser ainsi, car il ne songe qu'à sa cause et non à toutes les causes, et il ne voit pas que la loyauté absolue et l'urbanité constante que nous nous efforçons de faire régner parmi nous, peuvent seules assurer l'œuvre de la justice par la confiance qu'elles établissent entre tous ceux qui sont chargés de l'accomplir.

Gardez-vous de croire, d'ailleurs, que ces prescriptions soient de nature à entraver l'activité de chacun, et à gêner l'expansion des facultés et des moyens. Venues à nous à travers les âges, elles n'ont pas l'inflexibilité d'une loi écrite ; c'est une loi volontaire dont nous sommes à la fois les serviteurs et les maîtres ; nous la pouvons ainsi plier sans effort aux nécessités nouvelles qu'amène chaque jour la transformation des habitudes. Et puis, toutes ces règles sortent si naturellement des entrailles de notre profession ; elles répondent si bien à tous ses besoins ; elles conjurent avec tant de prudence tous ses dangers ; on a si souvent l'occasion de vérifier leur admirable sagesse ; on trouve en elles tant de sécurité et tant de repos, qu'on se prend à les aimer avant même d'avoir

songé à les craindre ; elles deviennent ainsi une sorte
de tendance héréditaire ; elles pénètrent dans notre sang,
circulent avec lui, et bientôt on n'a pas de compagnon
plus cher que ce témoin invisible qu'on porte nuit et jour
avec soi.

Elles font encore davantage. Par l'action qu'elles exer-
cent sur chacun de nous, elles impriment au corps tout
entier une direction uniforme, et cette direction, toujours
la même depuis tant de siècles, a fini par créer un ensemble d'idées et de sentiments qu'on appelle l'esprit du
barreau. Cet esprit s'empare de l'avocat au moment où
il entre dans la carrière, et désormais il ne le quittera
plus. Sa vie sera obscure ou brillante, calme ou agitée ;
il sera magistrat, administrateur, homme politique, ministre, ou plus encore, rien n'effacera le signe indélé-
bile dont il a été marqué, et si par hasard sa conscience
alarmée vient parmi nous chercher un refuge, vous l'entendrez s'étonner d'avoir pu préférer les asservissements
de l'ambition à l'indépendance qu'on trouve sous le joug
léger de notre discipline professionnelle.

Aussi, mes jeunes confrères, je vois sans trop d'épou-
vante cette agitation des esprits à laquelle je ne songe
pas à vous empêcher de prendre part. Avant tout, vous
vous devez au droit et à la jurisprudence ; mais je ne
vous demande pas de détourner systématiquement vos
regards de toutes les autres questions. Toutes vous appartiennent, ou plutôt vous leur appartenez ; car tôt ou
tard vous aurez à les examiner, peut-être à les discuter à

3*

la barre, et il y a des points sur lesquels ce n'est pas le dossier qui doit faire l'opinion.

Est-ce à dire que je vous conseille, en attendant les occupations du Palais, de vous mêler activement à la politique des partis? Non, mes chers confrères. Je suis loin de blâmer ceux que le goût de la politique entraîne vers ses domaines agités, et je souhaite, au contraire, qu'ils y fassent pénétrer peu à peu les principes de liberté réciproque et d'indépendance réglée qui sont les nôtres. Mais si la profession d'avocat est votre seul but, elle a, sachez-le bien, de telles exigences qu'il n'est pas prudent de se charger en même temps d'autres devoirs. *Age quod agis.* Si donc vous voulez, avant tout, être avocats, résistez à l'ambition politique, restez au Palais; vous y trouverez l'occasion de défendre vos idées et de servir vos opinions. N'oubliez pas, d'ailleurs, qu'avant d'être un métier, la politique est une science, une science longue et difficile; je ne vous défends pas de chercher à l'acquérir; et je vous verrai sans regret appliquer votre intelligence à l'étude des problèmes de droit, d'économie politique et d'histoire que chaque jour soulève, parce que je suis profondément convaincu qu'il n'est permis à personne de s'asseoir sur le bord de la route pour regarder passer la foule, et que tout ce qui rend le citoyen meilleur et plus utile profite à l'avocat.

Mais ne vais-je pas, en vous tenant un pareil langage, m'exposer aux reproches de quelques-uns de nos anciens? Ne voyez-vous donc pas, me diront-ils, que la politique nous divise, et que sa rudesse finira par altérer la confraternité? Il y a du vrai, sans doute, dans ces craintes; mais elles ne sont pas non plus exemptes d'exagération, et le moindre effort de notre part peut en faire disparaître le sujet. En 1848, quand M. Barthe, ancien ministre, est revenu parmi nous, on s'est demandé s'il respectait les convenances et s'il honorait suffisamment le souvenir de son portefeuille. Ouvrez notre tableau et comptez ceux qui d'avocats sont devenus ministres, et ceux qui de ministres sont devenus avocats. Jamais il n'a été plus exact de dire avec M. de Tocqueville : « Dans tous les « gouvernements libres, quelle qu'en soit la forme, « on trouvera les légistes au premier rang de tous les « partis. » Et tous ces hommes, si profondément divisés sur tant de graves questions, se rencontrent tous les jours, vivent sous la même robe, nomment les mêmes chefs, obéissent à la même discipline, et n'ont pas même d'effort à faire pour oublier leurs dissentiments, dès que les devoirs de la confraternité sont en jeu.

Grand et admirable spectacle, qui fait l'étonnement des hommes qui l'ont sous les yeux, dont nous avons le droit d'être fiers, et qui me donne à penser que la société n'a pas trop à perdre à l'ambition de ceux d'entre nous que leurs aptitudes dirigent vers les fonctions publiques. Si par tempéramment nous sommes ennemis de l'oppression et amis de la liberté, nous sommes par caractère et par état ennemis des changements brusques, passionnés pour nos coutumes, fortement attachés à la légalité. Accoutumés à chercher et à saisir avec rapidité les points faibles d'un système opposé, nous nous laissons facilement aller au plaisir de la critique, mais nous n'épargnons pas plus l'opposition que le pouvoir. Nos discussions sont ardentes, il est vrai; mais on apprend à la barre à ne jamais oublier le respect qu'on doit à ses adversaires. Notre état est pénible, et pour l'exercer avec un peu d'éclat il faut en quelque sorte être infatigable; cela enseigne à mépriser les agitations stériles et les discussions sans précision et sans fruit. On s'avance avec lenteur dans notre profession, et vingt années ne sont pas de trop pour se promettre d'y prendre quelque place; voilà de quoi consoler les ambitions impatientes. Nous condamnons avec sévérité, comme des fautes professionnelles, le charlatanisme et l'intrigue; nous apprenons à séparer par la pensée le salaire du travail qui l'a mérité, à goûter comme un plaisir exquis et comme la plus douce récompense, l'approbation éclairée de nos rivaux et de nos maîtres, à vénérer dans nos anciens l'éclat du talent et la gloire dont ils ont illustré notre Ordre : voilà les mœurs qu'a formées la discipline; c'est elle qui depuis cinq siècles lie les générations par un ciment indestructible, et grâce à elle nous pouvons nous glorifier d'avoir encore des traditions et des ancêtres.

« Pour moi, s'écriait un jour Berryer, je rends grâce « à Dieu de ce qu'aux premiers jours de ma jeunesse, « il m'a inspiré le désir et la résolution de consacrer ma « vie à la pratique du barreau. Si, sans consentir à ces-

« ser d'être avocat, j'ai été appelé à une autre tribune,
« je souhaite m'y être toujours montré fidèle à l'esprit
« de nos règles et au sentiment de notre indépendance. »
Nous ne comptons plus aujourd'hui ceux que la politique
nous prend, ou plutôt qu'elle nous emprunte. Toutes les
opinions viennent tour-à-tour chercher dans nos rangs
leurs orateurs et leurs chefs; et ce n'est pas faire un
souhait contraire à l'intérêt de la patrie que de désirer
qu'ils puissent se rendre à la fin de leur vie ce grand et
magnifique témoignage que la postérité n'a pas fait attendre à Berryer.

Mais je vous l'ai dit, mes chers confrères, cet honneur
que l'opinion publique fait à notre Ordre nous impose
plus étroitement encore le devoir de maintenir avec une
vigilance croissante la discipline à laquelle notre Ordre
doit précisément son élévation. Je sais que nos maximes
sont parfois bien sévères; elles nous exposent souvent
aux mécomptes et à l'ingratitude; elles vont bien au delà
des exigences de la probité; elles sont en un mot comme
les délicatesses visibles de la conscience. Mais je sais
aussi que l'observation en devient aisément facile et douce,
qu'elles épurent les instincts du cœur, qu'elles en chassent
toutes les basses pensées, qu'elles donnent à la parole une
autorité irrésistible, qu'elles nous ont fait ce que nous
sommes, qu'on s'amoindrit dès qu'on ne grandit plus, et
que les espérances de l'avenir nous font une loi de chercher à accroître encore le patrimoine que le passé nous a
légué. *Ita in maxima fortuna minima licentia est.*

J'aimerais à prolonger avec vous cet utile entretien, mes jeunes confrères, s'il ne fallait maintenant rappeler tous les grands deuils qui nous ont affligés. Ce ne sera pas d'ailleurs changer de sujet que de vous montrer, par l'exemple de ceux que nous avons perdus, quelle dignité et quelle estime notre profession assure à l'existence la plus simple, quel doux éclat d'honneur elle donne aux vies les plus brillantes, quelles consolations et quel refuge elle prépare aux plus tourmentées.

Ce jour qui nous rassemble ne reporte-t-il pas vos souvenirs vers la séance du 22 décembre 1879 où nous avons entendu pour la dernière fois la voix de Jules Favre, lisant les derniers adieux de Nicolet? Jamais leur pensée n'avait été plus haute, leur tendresse pour vous plus vive et plus éclairée, leur parole plus émue et plus touchante. Mais une sorte de pressentiment lugubre planait sur notre assemblée qu'anime d'ordinaire la joie du travail repris, et malgré votre jeunesse, on vous voyait sentir ce qu'il y avait de mélancolique dans les élans de ces deux âmes confondues, et dans le spectacle des lueurs mourantes de ces jours éclatants qui se couchaient pour ne plus se lever.

Nos craintes n'étaient que trop légitimes. Un mois après Jules Favre mourait, emportant avec lui cinquante ans d'une éloquence qui, à de certains jours, n'a pas eu de rivale. Il était né à Lyon le 29 mars 1809. Son père faisait le commerce de la soie, et entretenait de fréquentes relations avec l'Italie. Ainsi le fils tourna de bonne heure ses regards vers ce noble pays qu'on n'aime pas à demi, et dont l'oppression douloureuse devait lui inspirer plus tard les prodiges de la défense d'Orsini. Sa mère était une catholique ardente; vouée tout entière à l'éducation de son enfant, elle s'efforça de lui inspirer les principes de foi solide et éclairée qui animaient sa tendresse et soutenaient sa vie, et c'est à cette douce et puissante influence que Jules Favre a toujours reconnu devoir le spiritualisme hautement chrétien dont il a fait si souvent profession publique. A seize ans, ses études finies, il entra dans une étude. A dix-huit ans il vint à Paris pour faire son droit; il l'acheva au bruit de la révolution de 1830 à laquelle il prit part, les armes à la main, dans un corps d'étudiants. Aussitôt après, il retourna à Lyon, prêta serment et se fit inscrire au stage. Mais les occupations d'un jeune avocat étaient loin de suffire aux habitudes de labeur acharné qu'il avait déjà contractées, et, la tête encore toute chaude du soleil des trois journées, il écrivit beaucoup d'articles de presse dans lesquels on remarqua une profession de foi nettement républicaine. Vous savez combien les premières années de la monarchie de Juillet furent difficiles. Toute révolution suspend le travail, et par conséquent accroît d'abord la misère du peuple. De là naquit dans les masses populaires des grandes villes une agitation profonde, de là les violences de la presse, les émeutes, les barricades. Lyon eut ses journées comme Paris. Témoin des souffrances de ses compatriotes, Jules Favre se consacra tout entier à leur défense. Il le fit avec tant de fougue qu'un jour même il faillit lui arriver malheur. En 1831, il défend un journaliste qui est condamné. On ne voit rien là qui puisse beaucoup surprendre, même un journaliste. Jules Favre ne l'entend pas ainsi; il saisit la plume et publie un pamphlet contre le tribunal. Il est traduit en police correctionnelle et renvoyé de la poursuite, grâce à la parole de Sauzet et sans doute aussi à l'indulgence des juges. Mais il a toujours gardé un vif souvenir de cette incartade, et jamais depuis il n'a perdu une occasion de montrer, par son exemple même, combien l'indépendance de notre parole gagne au libre respect que nous accordons aux magistrats.

En 1834, il publie un petit volume qu'il intitule *Anathème*. C'est une rêverie de métaphysique religieuse et sociale, traduite avec l'emphase orientale, que Lamennais mit un instant à la mode. Pendant les dernières années de sa vie, son âme attristée par les douleurs du présent, aimait à se reporter vers les jours heureux de la jeunesse, et il a laissé une autobiographie un peu incertaine dont les demi-confidences sont évidemment sincères, lorsqu'il parle de l'état de son âme, de ses tendances et de ses aspirations. Que ne puis-je, mes chers confrères, m'arrêter un instant pour rapprocher les épanchements de la vingtième année des confessions de la vieillesse, et vous montrer, au fond de ce cœur dont la surface a tour-à-tour reflété tant d'images, l'inébranlable constance des convictions philosophiques et des sen-

timents généreux qui font l'unité de sa vie! Mais le
temps me presse, et c'est à peine si je pourrai vous rappeler les faits, sans y mêler de réflexions.

Ce fut le procès de 1835 qui l'appela à Paris pour
défendre les Lyonnais renvoyés devant la cour des Pairs.
Ce procès immense qui tient une si grande place dans
l'histoire du parti républicain fut marqué par des incidents dont quelques-uns mettent puissamment en relief
certains traits du caractère de Jules Favre. Les accusés
déclinèrent d'abord la compétence de la cour des Pairs.
Mais l'exception fut rejetée, et il se manifesta aussitôt un
désaccord très grave, non seulement entre les accusés,
mais encore entre les conseils. Pour les uns, la condamnation était certaine, et dès lors, il ne pouvait s'agir de
présenter une défense inutile qui donnerait à la condamnation une apparence de régularité juridique; il fallait
profiter de l'occasion pour faire connaître hardiment à la
France entière les doctrines et les espérances du parti républicain. Les autres au contraire pensaient, que, tout en
protestant contre cette compétence qui mettait entre les
mains d'une assemblée politique le sort de ses adversaires politiques, il fallait songer aussi aux malheureux
que la peine allait atteindre, à leurs souffrances, à la misère de leurs femmes et de leurs enfants, et faire les derniers efforts pour rendre moins cruelle la condamnation
trop certaine qui les attendait. Jules Favre soutint cet
avis, d'accord avec Armand Carrel, et n'ayant pu le faire
prévaloir dans la réunion des défenseurs, il déclara hau-

tement qu'il se tiendrait néanmoins jusqu'au bout à la disposition des accusés qui voudraient être défendus.

Vous pouvez aisément imaginer quelle colère cette attitude, si conforme à nos règles, déchaîna contre lui. Il apprit alors à ses dépens qu'il est souvent plus facile à un homme politique d'obtenir un peu de justice de ses adversaires qu'un peu de liberté de ses amis. Mais s'il reçut cette leçon il n'en profita guère. A chaque étape de sa carrière, vous trouverez quelques marques de cette indépendance obstinée et hautaine qu'une ombrageuse démocratie ne lui a pas pardonnée. Je tiens de sa bouche une anecdote qui peint bien cette curieuse époque de 1830 où le romantisme pénétrait jusque dans la politique et dans les complots. Comme il déjeunait au deuxième étage du café Voltaire en attendant l'audience de la Cour des Pairs, un inconnu demanda à lui parler. Introduit près de lui, cette homme lui signifia d'un ton fort peu courtois, qu'un tribunal secret l'avait, pour sa félonie, condamné à mort et à la confiscation de tous ses biens. « Cette dernière peine, disait Jules Favre, » m'était pour plusieurs causes fort indifférente ; la pre- » mière, pas du tout. Aussi, dans l'ignorance des inten- » tions de mon interlocuteur, je m'avançai sur lui et lui » déclarai, que s'il ne sortait pas à l'instant, j'allais le » faire passer par la fenêtre. » Manifestation qui suffit pour convaincre l'envoyé du tribunal secret que sa mis- sion était complètement achevée. Jules Favre plaida donc ; sa plaidoirie parut un chef-d'œuvre, parce qu'elle était enflammée de toutes les passions du temps. Vous y trouverez en la relisant un peu de déclamation, mais vous n'en serez pas moins séduits par la beauté des pensées, l'admirable éclat des tableaux et la perfection déjà presque achevée du style.

Ce beau succès le fixa à Paris. Il se fit inscrire à notre barreau le 13 novembre 1836. Les premières amertumes de la politique lui avaient rendu sa profession plus chère; il s'y consacra tout entier. Le soin extrême qu'il apportait à la composition de ses plaidoiries leur donnait une sorte de pesanteur traînante, bien plus sensible dans une affaire rapide que dans un grand discours. Il acquit, dans nos luttes de chaque jour, la souplesse et la franchise d'allures qui nous sont indispensables et qu'elles peuvent seules donner; et il comptait déjà parmi les premiers, lorsque la révolution de 1848 éclata. L'amitié de Ledru-Rollin l'engagea de nouveau dans la politique. Ses discours et ses votes nous le montrent, également préoccupé de la nécessité d'élargir le cadre des institutions et des lois pour permettre à la démocratie d'y pénétrer sans violence, et de la nécessité non moins pressante de chercher, dans la diffusion des idées morales, les seuls moyens par lesquels on puisse contenir une démocratie sans lui enlever la liberté : difficile problème sur lequel plusieurs générations passeront courbées sans le résoudre, et qu'il est impossible d'envisager sans se sentir enflammé par sa grandeur, autant qu'effrayé de ses difficultés et de ses périls.

Le coup d'État nous le rendit tout entier, avec Bethmont, Crémieux, Dufaure et Berryer. Il y eut alors entre ces grands avocats, unis cette fois par la défaite commune de leurs différents drapeaux, et cherchant l'apaisement de leurs colères dans les tranquilles labeurs de notre profession, une sorte d'émulation de travaux juridiques et de belles plaidoiries, qui donnent aux annales judiciaires de ce temps un incomparable éclat. Le changement des gouvernements n'empêche pas le monde d'aller son train habituel, et quoi qu'on fasse, les actes et les hommes du pouvoir doivent tous, un jour ou l'autre, subir la discussion de l'audience, et quand la presse et la tribune sont muettes, la liberté de la barre peut encore essayer de consoler l'éloquence et de donner à l'opinion publique ces satisfactions et ces vengeances qui lui rendent plus léger le poids de sa captivité. « A de certaines hauteurs, avait-il coutume de « dire, la parole est toujours libre. » Nul n'a jamais su, mieux que lui, s'élever d'un vol magnifique à la région de la liberté absolue, et qu'il s'agisse des incidents irritants d'une cause politique, ou des détails mystérieux des causes privées les plus délicates et les plus risquées, sa pensée plane sans effort au-dessus de tous ces périls, tantôt glissant l'ironie la plus mordante dans les périodes les plus solennelles et les mieux cadencées, tantôt revêtant les plus vulgaires objets de toute une magie de couleur et de poésie, touchant du pied la terre, un instant après s'élevant jusqu'au ciel, toujours pure, toujours noble, toujours belle, et réduisant ses ennemis à chercher un défaut jusque dans sa perfection même.

Le bâtonnat vint enfin couronner sa carrière. Il l'illustra par deux discours qu'il a jugés lui-même dignes d'être joints à la défense d'Orsini. Ce furent là les plus belles années de sa vie. Rien ne peut vous donner l'idée, mes jeunes confrères, de l'empire et de la séduction qu'il exerçait alors parmi nous, si ce n'est la séduction et l'empire qu'y exerce aujourd'hui celui qui est 'héritier le plus direct de son éloquence et de sa gloire. Comme il se levait à la barre, puissant, majestueux, ouvrant sa large poitrine, la tête légèrement tournée vers la gauche, le bras toujours ramené vers le corps et prêt, comme un arc tendu, à lancer le trait d'un geste rare et décisif, sa chevelure indocile rejetée en arrière, et voltigeant sur ses lèvres inégales ce sourire, dont l'expression passait si aisément de la hauteur la plus dédaigneuse à la plus exquise bienveillance. A la tribune, chef de cette opposition des Cinq, étincelante, infatigable, toujours battue à la Chambre, payée de chaque défaite par une popularité plus grande. Bientôt Berryer l'introduit à l'Académie au milieu de ces maîtres du style dont il était déjà l'égal. Et au Palais quelle activité ! Quels travaux effrayants ! Quelle fécondité ! En quelques années, il accumule les chefs-d'œuvres : il plaide les affaires Doineau, Migeon, Orsini, de Groslée, Pelletan, l'affaire Alain Armand à Aix, l'affaire du mariage des prêtres à Périgueux, l'affaire Saint-Meleuc à Poitiers, l'affaire de la Salette à Grenoble ; à Paris, le procès des Treize, où la fin de sa plaidoirie fut saluée par Berryer, qui déclara que jamais il n'avait rien entendu de plus beau et que, au nom de tous les autres défenseurs, il renonçait à la parole. Dans le même temps, il prononce au Corps législatif ces grands discours qui sont demeurés dans toutes les mémoires, sur *nos expéditions lointaines,* sur *les libertés intérieures,* sur *la question romaine,* sur *le droit de propriété littéraire.* Paris ne suffit pas à son activité ; plusieurs fois par an il parcourt la France ; il retourne même en Algérie ; partout on l'appelle, partout on le fête et on l'acclame ; et lui, heureux et fier, il reçoit ces hommages, dont les nobles jouissances chatouillent si délicieusement son âme, et, promenant partout sa parole triomphale, il élève à l'éloquence judiciaire un monument qui ne périra pas.

Et ne pensez pas qu'arrivé à ce point culminant de ses merveilleuses facultés, il néglige aucune des précautions qu'à son début il croyait nécessaires pour assurer sa parole : à côté de Crémieux, qui ne fait aucune note et se fie à sa mémoire prodigieuse, sans être jamais trompé par elle, Jules Favre prépare des notes, dont le développement presque minutieux étonne les magistrats auxquels il les remet. Ne croyez pas davantage que l'orgueil de toute cette gloire conquise le rende indifférent aux souffrances des plaideurs, impatient de leurs entretiens souvent inutiles. Écoutez cette lettre : « Daignez réfléchir « un instant aux inquiétudes d'un plaideur. Troublé dans

« son droit, dans son repos, dans ses intérêts, menacé
« d'une perte matérielle, souvent d'une atteinte à son
« honneur, il a le sentiment très vif de ce qui doit être
« dit pour son salut. Cependant il faut qu'il ait recours à
« un étranger. Cet étranger va traduire ce qu'il pense,
« ce qu'il veut, ce qu'il souffre ; il va devenir un autre
« lui-même, il va expliquer sa vie ; quelle mission et
« quelle responsabilité ! Cette responsabilité est d'autant
« plus grande qu'elle n'a pas de sanction. Si l'avocat est
« léger, inattentif, peu scrupuleux, il peut gravement
« compromettre les intérêts qui lui sont confiés. Il auto-
« rise, par sa négligence, le juge qui s'est trompé à dire :
« Pourquoi ne m'a-t-on pas éclairé ? » Il sera en partie
« cause de malheurs irréparables et n'en sera pas touché.
« Mesurez-vous l'étendue des préoccupations de celui
« qui comprend ces choses ? Vraiment il en serait écrasé
« s'il ne les ramenait pas à ce qui est simple, sage et
« humain, c'est-à-dire au possible. Il ne dépend pas de
« moi d'avoir des facultés supérieures, de ne rien omettre,
« de me défendre d'une involontaire faiblesse, mais ce
« que je puis, par conséquent ce que je dois, c'est donner
« à celui qui vient à moi tout l'effort que réclame sa
« défense et m'y consacrer tout entier dans la limite de
« ce qu'elle m'impose. Faire cela est d'obligation ; y
« manquer serait indélicat. »

Gardez le souvenir de cette lettre, mes jeunes confrères ;
elle n'a pas été écrite pour nous ; mais elle nous revient
de droit. Je reprends notre bien où je le trouve, et tout

en admirant le scrupule de notre illustre bâtonnier, nous pourrons faire notre profit de cette admirable leçon.

Vous parlerai-je maintenant du reste] de sa vie? Elle appartient à la politique plutôt qu'au barreau. Je ne suis pourtant pas de ceux qui pensent que, sous prétexte de s'en remettre à l'impartialité de l'histoire, il faille laisser outrager la mémoire de ceux que nous avons admirés et aimés. Je crois, au contraire, que les procès historiques sont comme les autres, qu'on les instruit mieux quand on peut recueillir les témoignages et les contrôler par ses souvenirs, et que les hommes publics doivent encore moins se défier de la partialité, éclairée au moins, de leurs contemporains que de l'indifférente ignorance de la postérité. Si j'avais à le défendre des injustes accusations dont il a été l'objet, je rappellerais ici le plus mémorable exemple de l'inconstance des jugements humains, ces illusions communes dont il n'a été que l'éloquent interprète, ces pages qu'en octobre 1870 la France en larmes proclamait immortelles et reprochées, six mois après, comme une maladresse presque criminelle; et montrant sans peine qu'il n'y a pas une des erreurs de sa vie qui ne vienne d'un sentiment de générosité, et du mouvement naturel d'une âme incapable de soupçonner la duplicité, j'acquerrais avec vous cette conviction, qu'on n'a pas à craindre le jugement des hommes, lorsqu'on se présente à l'histoire appuyé sur le bras de Berryer et défendu par M. Thiers. Mais il ne m'appartient pas d'apprécier ici l'ensemble de ses actes et de sa vie; cet honneur revient à un autre qui saura, soyez-en sûrs, s'en acquitter comme nous avons le droit de l'attendre de lui.

Laissons de côté l'homme politique, et ne songeons ici qu'à l'avocat. Sorti du ministère, il revint au barreau ; mais il n'y fit plus que de rares apparitions. Il écrivait le 25 mars 1872 :

« Je juge mon rôle fini... je pourrais disparaître de la
« scène où j'ai essayé de faire mon devoir. C'est à
« d'autres à continuer l'œuvre à laquelle j'ai consumé
« ma vie. »

Nous le vîmes cependant de temps à autre à la barre, prêtant l'appui d'un talent qui n'avait pas fléchi à des causes dont l'inépuisable bonté de son cœur l'amenait seule à se charger. Nos réunions professionnelles, l'ouverture de la conférence, les séances du conseil, un pieux devoir à remplir le ramenaient aussi parmi nous. Même à son heure dernière, il pensait à nous ; il a voulu qu'un don, pris sur sa modeste fortune, vînt accroître entre nos mains les moyens d'adoucir les souffrances que sa main ne pouvait plus soulager. — Des compositions historiques et littéraires, des projets de loi soigneusement élaborés, des conférences occupaient l'activité toujours égale de son esprit ; les chagrins qui l'avaient accablé, les trahisons dont il avait été victime, la solitude succédant tout à coup au tumulte de la vie publique, une fatigue qui lui faisait envisager la mort comme un repos, fixaient de plus en plus ses regards sur cet infini dont il avait porté le tourment toute sa vie. A l'entendre si souvent à la tribune et à la barre s'inspirer des vérités les plus hautes de la religion chrétienne, on pouvait croire qu'il n'y avait là que des lieux communs d'éloquence, développés dans le plus magnifique langage, ou tout au plus l'ébranlement d'une imagination très impressionnable et la rêverie d'un poète. Il semble au contraire que les dogmes d'une croyance plus précise, déposés dans sa conscience par la tendresse maternelle, et longtemps recouverts des ombres confuses d'un spiritualisme un peu vague, aient de nouveau pénétré sa raison, et que les consolations de la foi l'aient accompagné au sein de cette paix bien gagnée dans laquelle il repose, et sur laquelle veilleront désormais notre admiration et nos regrets.

Presque à la même heure, la mort nous enlevait un autre confrère mêlé, comme Jules Favre, à tous les événements de notre histoire, républicain comme lui, comme lui membre du gouvernement provisoire et du gouvernement de la défense nationale, grand avocat comme lui, mais doué d'un génie différent et de qualités presque contraires.

Né à Nimes en 1796, Adolphe Crémieux montra de bonne heure l'imagination brillante et la facilité de parole qui ont été de tout temps l'heureux privilège des Gaulois du midi. Il avait au collège une passion pour Cicéron, et il apprenait ses discours par cœur. A soixante-dix ans, il le relisait encore, et ses enfants le surprenaient un jour à la campagne, notant dans son auteur favori

les expressions qui lui paraissaient les plus brillantes et
les plus justes. Un tel admirateur de Cicéron ne pouvait
être qu'avocat. Il le fut en effet, et se fit d'abord inscrire
au barreau de Nîmes. En quelques années il acquit dans
tout le midi de la France une si grande réputation, qu'en
1830 MM. Sauzet et de Martignac se l'associèrent pour
la défense des ministres de Charles X. Cette même année,
il changea brusquement de carrière, et acheta à la Cour
de cassation la charge de M. Odilon Barrot. Sans doute, il
lui en coûta de renoncer aux émotions de la barre pour
se renfermer dans les graves abstractions du droit. Mais,
lorsqu'en 1837 il vint se faire inscrire à notre barreau,
on vit tout ce que son esprit avait gagné à cette forte discipline; tout de suite il se trouva l'égal des plus grands.
Procès d'intérêt, questions d'État, séparations de corps,
affaires de finances et de bourse, procès de presse, de
théâtre, de Cour d'assises, rien n'était au-dessus de la
puissance et de la flexibilité de son génie. Les causes des
particuliers ne lui suffisaient pas; pratiquant le patronage à la façon de Cicéron, il eut des peuples pour clients;
par trois fois, il quitta la France pendant de longs mois,
pour aller défendre dans les conseils des princes la cause
des Israélites persécutés. Trente ans durant, il porta sans
fatigue le plus lourd fardeau. Puis, vers la fin de l'Empire,
il s'éloigna peu à peu de la barre. On ne l'y a pas vu depuis 1871, soit que, préoccupé du noble souci de sa gloire,
il ait craint de la compromettre en se montrant inférieur
à lui-même, soit qu'il lui ait paru sage d'employer à se

recueillir et à se préparer les années que Dieu lui laissait. Mais absent du Palais, son nom revenait à chaque instant sur nos lèvres ; car il était de ceux qu'on peut cesser de voir sans les oublier.

Tous ceux qui l'ont entendu, mes jeunes confrères, vous diront qu'à leurs yeux Crémieux a été l'avocat le plus complet qu'ils aient jamais rencontré, et l'on peut sans effort trouver la raison de ce jugement unanime.

Cicéron demandait à l'orateur plus de philosophie que de jurisprudence ; Loysel, au contraire, voulait que l'avocat sût beaucoup de droit et fût médiocrement éloquent. Chaix d'Est-Ange et Jules Favre auraient peut-être contenté Cicéron ; mais Crémieux aurait ravi à la fois Cicéron et Loysel. Les avocats eux-mêmes qui passent pour aimer le droit et pour le savoir n'ont pas d'ordinaire une connaissance égale de toutes les parties de la science ; ceux-ci connaissent mieux le droit civil et le droit commercial ; ceux-là le droit pénal et la procédure criminelle. Crémieux savait admirablement toutes les parties du droit, même le droit public et administratif. Avec cela la mémoire, de toutes les facultés la plus humble mais la plus utile, était chez lui prodigieuse. Non seulement les règles principales du droit et les solutions les plus importantes de la jurisprudence, mais encore le détail, le texte, les exceptions à côté de la règle, toutes les exceptions, les arrêts d'espèce, toutes ces provisions de nos campagnes, toutes ces armes de nos luttes, il les entasse dans sa vaste mémoire, et il les retrouve au moment opportun, avec une incomparable facilité. Là-dessus sur ce fonds de science doctrinale, c'est à peine s'il rencontre au palais quelques égaux.

Mais la science n'est à ses yeux qu'un moyen et non un but. Il ne se complaît pas à planer dans ces régions où les principes, dégagés de leurs applications, se montrent dans leur beauté idéale et ravissent les yeux du philosophe. Il les rappelle et les établit fortement; quelquefois il les éclaire un instant du rayon de la vérité éternelle dont ils découlent; mais aussitôt il court au procès, s'acharne sur les faits et sur les pièces, ne laisse rien d'incertain ni d'obscur, et fait pénétrer jusqu'au fond des affaires les plus compliquées cette lucidité que le juge réclame avant tout et qu'on n'atteint jamais, si l'on n'a pas en même temps l'habitude des affaires et la connaissance parfaite des moindres détails de son dossier. Il faut entendre par l'habitude des affaires l'expérience de ces mille complications que la variété des intérêts se plaît en quelque sorte à entrelacer dans le libre jeu des conventions humaines. Crémieux possède au plus haut degré cette précieuse expérience. Toutes les combinaisons si multiples, si inépuisables que le désir de s'enrichir suscite, lui sont familières; il devine, comme d'instinct, les calculs des financiers; les chiffres ne l'effraient pas; il en saisit à merveille les secrets rapports, et nul ne sait comme lui faire sauter de l'un des plateaux d'une balance d'inventaire le faux poids que la main d'un spéculateur agile y a placé. C'est là la seconde cause de sa supériorité; il entend les affaires aussi bien qu'il sait le droit.

Mais ce juriste consommé, cet homme d'affaires patient et subtil est en même temps un orateur. Le hasard qui a réuni dans la mort Crémieux et Jules Favre, après les avoir si souvent rapprochés dans la vie, semble avoir voulu leur ménager un contraste singulièrement favorable à la différence de leur génie. Chez l'un, la pensée est philosophique et méditative, le sentiment pur, grand, souvent d'une délicatesse exquise et d'une grâce presque féminine, parfois puissant et viril, jamais violent. Chez l'autre, la pensée est toujours tendue vers l'action; le sentiment profond, énergique, souvent manifesté avec une force qui rappelle les plus beaux modèles de l'antiquité. L'élégance continue de Jules Favre, la justesse incomparable des termes, la noblesse et l'éclat des images, la correction d'un style qu'aucune négligence ne dépare, la science d'une composition qui s'élève peu à peu par une gradation régulière du ton modéré de l'exorde jusqu'aux mouvements passionnés de la péroraison, tout cet art merveilleux qui se cache et se laisse voir, qui tient l'auditoire suspendu aux lèvres de l'orateur, qui enchante les esprits raffinés, rend plus admirables encore la simplicité, le naturel, la grandeur de la parole de Crémieux. Là, point de recherche, point de périodes cadencées, point d'épithètes qui s'appellent et qui se répondent; nulle crainte de se répéter; nul effort pour éviter ces négligences qui détendent le style et montrent que celui qui parle parle pour convaincre et non pour se faire admirer; il prend la discussion là où il la trouve; point de souci d'un exorde ; s'il est défendeur, sa plaidoirie ressemble à une réplique. Les moyens principaux de l'adversaire, les raisons de douter et de décider, les voici : il les résume, il les discute, et quelle discussion ! S'il s'agit d'une question de droit, il aperçoit aussitôt dans tout le champ de la science les conséquences diverses du principe sur lequel il s'appuie ; il le prend dans le droit civil, le suit dans le droit commercial et dans le droit administratif ; il cite les textes, les arrêts, tout cela sans notes, avec une sûreté de mémoire infaillible. S'agit-il du fait, il l'analyse avec un bon sens lumineux ; il en rapproche tous les éléments avec une vigueur de raison incroyable ; il le tourne et le retourne, comme le fer que bat le forgeron. Sa démonstration lui paraît-elle incomplète ? sans excuses, sans précautions oratoires, il revient sur son adversaire, il l'ébranle, il le déracine, et ces coups répétés d'une logique implacable font briller à chaque instant l'éclair de l'éloquence.

« La majorité d'une assemblée ! » s'écrie-t-il dans une plaidoirie d'assises de 1851. « mais la majorité du 20 fé-
« vrier, que devenait-elle le 24 ? Savez-vous ce qu'il fal-
« lait pour la faire disparaître ? Trente hommes du peuple
« qui entrèrent en armes dans la salle de nos séances.
« Savez-vous ce qu'il fallut pour que la Chambre des
« Pairs, à la majorité si compacte, pour que la Cham-
« bre des Députés, à la majorité si foudroyante, s'éva-
« nouissent toutes deux pour ne plus revenir ? Deux lignes
« d'un décret, écrit par moi, ainsi conçu : « La Chambre
« des Députés est dissoute ; il est défendu aux membres

« de l'ex-Chambre des Pairs de se réunir. » Tout fut
« fini. La majorité ! Voici un fait que je vous recom-
« mande : M. Thiers devint ministre en 1840, il posa
« une question de confiance. La majorité fut de 186 voix.
« Quelques mois plus tard, une stupide réaction amena
« M. Guizot au ministère. Il posa, devant la même Cham-
« bre la même question de confiance. Savez-vous quelle
« fut la majorité? Opprobre et douleur! 186 voix. »

Voilà le ton, le nerf, l'allure familière et grandiose,
l'action oratoire, la parole irrésistible, parce que ce n'est,
pour ainsi dire, plus un avocat que vous entendez, mais
un homme passionné et éloquent.

Et hardi ! Vous n'imaginez pas jusqu'où va sa har-
diesse. Sous Louis XVIII, il défend devant la Cour d'assises du Gard trois jeunes gens qui ont chanté la *Marseillaise* et qu'on accuse pour cela d'avoir proféré des cris
séditieux. Sans doute, il va faire d'habiles allusions aux
chants patriotiques de l'antiquité ; pas du tout, il les ré-
cite. Sans doute, il commentera la *Marseillaise*, de façon
à adoucir ce qu'elle peut avoir de trop républicain pour
des jurés de la Restauration. Pas du tout ; avec cette
voix puissante, qui a gardé de l'accent du midi ce qu'il en
faut pour donner plus d'énergie à la langue, il lit la
Marseillaise elle-même. A la seconde strophe, le président l'arrête : « Vous commettez le délit qu'on reproche
à vos clients. » Comme Crémieux va s'expliquer, l'un des
juges assesseurs intervient : « Je vous demande pardon,
« monsieur le président, je puis être appelé à juger si le

« jury rendait son verdict à la simple majorité. Je ne me
« rappelle plus la *Marseillaise*, je demande à la con-
« naître. » Et Crémieux continue le troisième couplet ;
non seulement il la lit, mais il la chante, et, vous le
voyez, il la fait presque chanter à la Cour.

En 1851, il défend devant la Cour d'assises Victor Er-
dan accusé d'avoir imprimé la brochure de Charles
Hugo contre la peine de mort. L'avocat général, entraîné par son sujet. a soutenu la légitimité de la peine de
mort. Crémieux se lève, ou plutôt, pour rappeler un mot
de M. Thiers, il jaillit : « L'ai-je bien entendu, » s'écrie-
t-il, « c'est sous la protection de Dieu même qu'on vient
« de mettre la peine de mort ! » Et alors, il appelle à son
aide l'Ancien et le Nouveau Testament, les préceptes du
Décalogue et ceux de la religion chrétienne, les docteurs
d'Israël, les Pères de l'Église ; il accumule les apostrophes
et les objurgations ; presque à chaque phrase, il soulève
dans l'auditoire un mouvement prolongé d'émotion par
la grandeur simple des images qu'il prodigue et qui rap-
pelleraient Bossuet, si la crudité de la couleur et le ton
démocratique ne leur imprimaient profondément la
marque de notre temps.

Ajoutez maintenant une verve intarissable, une bonne
humeur constante, un esprit pétillant, mais sans fiel,
une rondeur toute populaire. Il se met volontiers en scène ;
il raconte des anecdotes de sa vie ; il rappelle ses actes ;
il ne dit pas la révolution de 1848, il dit : ma révolution
de 1848. Jules Favre est attiré par les instincts les plus

délicats de sa nature vers tout ce qui souffre ; ce n'est pas le peuple qu'il aime, quoi qu'il le dise et qu'il le croie ; ce sont les faibles, les délaissés, les malheureux. Crémieux aime le peuple ; il l'appelle son peuple, et c'est bien le sien, car il lui donne sa nature ouverte, sa bonté naturelle, son âme généreuse. Ce n'est cependant ni un sectaire, ni un démagogue ; il croit que c'est folie de songer à fonder un gouvernement républicain, si l'on ne parvient pas à lui attacher ceux qui ont la supériorité de l'intelligence et de la fortune ; il écrit à Proudhon après le 24 Février : « Quoique appartenant au parti avancé dans « notre gouvernement, j'ai voulu contenir le flot, non par « la crainte d'ête emporté, mais dans la crainte d'effrayer « ceux dont l'aide me paraissait indispensable aux pre– « miers pas de la République. Il fallait sauver le berceau « de Moïse·et par conséquent éveiller la sympathie de la « fille même de Pharaon. »

Enfin ajoutez à cette modération si parfaite, à ce bon sens si clairvoyant, à tous ces dons de l'esprit et du cœur, la culture intellectuelle la plus haute sans cesse entretenue, le goût de tous les arts, la passion de la musique et du théâtre, Crémieux s'enfermant dans son cabinet pour donner des conseils de déclamation à la jeune Rachel, un commerce de relations et de lettres suivi avec tous les hommes célèbres de son temps, et l'auréole de ce long bonheur domestique au sein duquel toutes ces qualités se sont développées et épanouies, et vous aurez l'image d'une des plus belles carrières qu'ait fournies le barreau, et le souvenir d'un avocat qui, sans avoir donné à ses compositions oratoires l'incorruptible beauté de la forme, n'en a pas moins été un modèle presque achevé de l'éloquence judiciaire et l'un de nos plus glorieux maîtres.

A côté d'eux maintenant nos regrets vont placer le nom de ce jeune homme, tout radieux d'espérances, qu'une mort vraiment cruelle a séché dans le premier épanouissement de ses rares et précieuses facultés. Né à Paris en 1842, Horace Hellbronner fut élevé en Angleterre jusqu'à l'âge de dix-sept ans; il revint en France préparer son baccalauréat; mais il retournait à Londres chaque année, et il y passait des mois entiers, non pas en voyageur que préoccupent seulement l'aspect extérieur de la contrée et les monuments des arts qui l'embellissent, mais en habitant qui se mêle aux citoyens du pays, partage leur vie, lit leurs journaux et s'intéresse aux questions qui les agitent et les divisent. Les circonstances lui fournissaient ainsi l'occasion d'étudier de près les institutions et les lois d'une nation qui tient école de politique, et la vivacité réfléchie de son esprit lui en inspirait le goût. Il apprit donc les lois anglaises, autant que cela est nécessaire et possible à un étranger; et le premier fruit qu'il retira de cette étude fut le sentiment profond de l'individualisme un peu hautain sur le respect duquel les Anglais font reposer leur liberté. En 1870, le Conseil pour récompenser ses efforts et marquer le début d'une carrière qui s'annonçait avec éclat, lui décerna avec le prix Bethmont, l'honneur de prononcer l'un des discours de la conférence. Le titre fut : *De la Justice aux Etats-Unis* , beau sujet fait pour tenter à la fois le jurisconsulte et le citoyen. L'Amérique est comme un champ d'expériences où la démocratie se donne carrière, et, libre de toute crainte extérieure et de toute entrave, étale avec complaisance ses mérites et ses défauts. Quel sera dans cette société où le moindre joug paraît insupportable à l'orgueil du citoyen, la place du pouvoir judiciaire dont la mission est de soumettre tous les fronts à l'observation d'une même règle? La démocratie le formera-t-elle à son image, turbulent et mobile? ou, au contraire, par un sentiment instinctif du danger qui la menace, consentira-t-elle à le placer sur sa tête et à lui accorder les garanties d'indépendance, de respect et de force, sans lesquelles il ne peut être qu'un instrument de tyrannie? Helbronner apporta dans cette étude une maturité, une sûreté de jugement, une sagacité, un esprit franchement libéral, qui furent admirés de tous, mais qui ne surprirent pas ceux qui savaient à quel maître il était allé demander le secret de cette justesse tempérée et de cette fermeté bienveillante qui grandissent à la fois le caractère et le talent de l'avocat. Il ne manqua pas de signaler cette disposition, à la fois si audacieuse et si prudente, de la constitution fédérale qui charge un vrai tribunal de prononcer, non seulement, comme cela va de soi dans les pays libres, entre l'État et les citoyens, mais encore sur la constitutionnalité des lois dont il peut suspendre l'effet en les déclarant contraires à la constitution.

Le succès de son discours fut très grand et rendit plus rapide son avancement dans la carrière. En huit ans il atteignit les premiers rangs du jeune barreau. Un heureux mélange de qualités solides et brillantes donnait à sa parole un charme et une autorité que tous subissaient. Sans rien ôter à la vigueur du raisonnement, il ne dédaignait ni les grâces de l'esprit, ni les mouvements de la passion. Son âme vibrait aisément et avec force ; l'émotion se peignait aussitôt sur ses traits mobiles ; mais avec un effort visible il en contenait l'expression, retenu par la crainte de manquer à cette dignité de la parole qui était à ses yeux la première règle de notre art. Il était naturellement grave et de manières réservées. Mais cette froideur apparente n'était que la précaution d'un cœur tendre qui ne voulait pas se donner à demi. Une fois dissipée, elle laissait voir des trésors de sensibilité, de délicatesse et de générosité. Israélite convaincu, il avait pour amis des chrétiens ardents, et jamais les visions d'une intolérance absurde ne troublèrent les épanchements de leur amitié. Il avait l'enthousiasme de toutes les choses belles, le goût de tous les nobles plaisirs ; il aimait sa profession par-dessus tout, et il lui sacrifiait jusqu'au repos dont sa constitution un peu frêle aurait eu besoin. Pendant tout ce rude hiver, il se levait à cinq heures et se mettait au travail ; ses traits accusaient la fatigue, et nous nous demandions avec inquiétude si sa santé triompherait de l'effort qu'il lui imposait. Tout à coup la maladie l'a saisi ; elle nous a fait passer par toutes les alternatives de la crainte et de l'espérance. Nous le croyions sauvé, lorsqu'en quelques jours il a été ravi à toutes les tendresses dont il était entouré. Rien n'égale la mélancolie de ces morts prématurées. Hier, c'était Colin de Verdière, Helbronner aujourd'hui ; il semble que chaque année veuille nous en faire savourer l'amertume. Aussi, quel empressement à ses funérailles ! Comme tous les fronts étaient chargés de tristesse ! Vieux et jeunes avocats, magistrats, clients, tous suivaient son cercueil ; beaucoup pleuraient, et cette douleur universelle attestait ce qu'il y a de cruel dans l'insondable mystère de la destinée humaine, qui met au cœur de l'homme toutes les ambitions, lui permet d'ébaucher tous les rêves, l'attache par les liens de tous les amours, et brusquement, avant l'heure, brise d'un seul coup les affections, les ambitions et les rêves et arrache de la main de ces nobles jeunes gens le laurier qu'ils allaient saisir. Par une disposition de son testament, Helbronner, en nous léguant un souvenir, a voulu que rien ne fut dit sur son tombeau. Nous avons obei alors à sa prière ; mais sa mémoire nous appartient et vous ne l'oublierez pas, mes jeunes confrères, parce qu'elle vous marque ce chemin de travail acharné, d'application constante et de continuelle vigilance sur vous-mêmes dans lequel vous êtes assurés de rencontrer le succès.

Nous avons perdu encore MM. Caffin, Jardel et Louis Martin, qui par des qualités différentes se sont fait également regretter ; M. Liot, si bon, si simple, si franc, d'une si parfaite ouverture de cœur ; M. Edouard Poyet, que son goût pour la campagne éloignait de nous peu à peu ; enfin MM. Lavaux, Jay, M. Lacan et M. Nicolet.

M. Lavaux est mort à quatre-vingt-quatorze ans, après soixante-quatre années d'inscription au tableau de notre Ordre dont il était le doyen. Il vint au Palais en 1816 et se fit bientôt une place dans le barreau de la Restauration, dont un de nos jeunes confrères va tout à l'heure rappeler les combats et caractériser l'esprit. L'éloquence judiciaire commençait alors à se dégager de la solennité un peu compassée que le xviiie siècle avait gardée du xviie et qui convenait au silence de l'empire. Des sujets plus variés et plus grands demandaient une forme nouvelle ; des passions plus ardentes avaient besoin d'une parole plus familière et plus libre. Par la nature de son esprit aussi bien que par son âge, Lavaux fut acquis tout de suite à la nouvelle école. Pendant trente ans, il tint au Palais un emploi considérable. Les procès de séparation de corps suivaient volontiers le chemin de son cabinet. Il y apportait tout ce dont ils ont besoin, une sensibilité discrète, un esprit facile et quelquefois mordant, et, ce qui est un trait de son temps, le goût de ces plaisanteries salées que Léon Duval nous a souvent reproché de ne plus oser risquer. Il entra au conseil en 1830. Deux ans après, il plaidait pour la baronne de Feuchères dans l'affaire du testament du prince de Condé. Son rôle ainsi grandissait ; sa vigueur demeurait la même, il ne comptait au Palais que des amis, lorsque tout à coup, en 1842, il prit sa retraite et cessa de plaider. Il vécut ainsi désormais, partageant son temps entre ses livres et ses amis, actif, piéton infatigable, avançant en âge sans vieillir, toujours fidèle aux assemblées générales du barreau, et écrivant d'une main ferme à quatre-vingt-onze ans un testament qui contient la disposition suivante :

« Je ne pouvais oublier l'Ordre des avocats au barreau
« de Paris ; c'est au milieu de mes anciens confrères que
« j'ai passé les plus heureuses années de ma vie ; c'est
« dans l'exercice de ma profession que j'ai acquis cette
« fortune dont il me reste à faire un honorable emploi, et
« j'ai toujours pensé qu'il était juste d'en remettre une
« notable partie entre les mains du conseil de notre Ordre
« qui en disposera dignement. J'ai, en conséquence, fait
« les dispositions suivantes : Je donne et lègue à l'Ordre
« des avocats du barreau de Paris, ma maison rue Saint-
« Sulpice, n. 27, pour en jouir du jour de mon décès. »

Vous éprouverez tous, mes chers confrères, les sentiments divers que m'a causés la nouvelle de cette magnifique libéralité. Je n'y ai pas vu seulement l'assurance de pouvoir nous acquitter désormais avec moins de parcimonie du devoir d'assistance, le premier de tous ceux que la confraternité nous impose. J'y ai trouvé quelque chose de plus haut et de plus grand. Il me semble que ces dons, chaque année plus nombreux, sont, sous une forme nouvelle, une preuve éclatante de la force que notre Ordre puise dans l'attachement invincible que lui portent ceux qui lui appartiennent. Le zèle de chacun pour le bien de tous est la pierre de touche de la vitalité des grands corps, et comme la base indestructible de leur puissance et de leur durée. Mais cette considération générale ne doit pas nous faire oublier un instant celui dont la générosité l'a fait naître. Rien de plus touchant, de plus digne d'affection et de respect que ce vieillard, qui, sentant approcher le terme de sa longue vie, se retourne avec des yeux attendris vers cette douce patrie du barreau que trente-quatre années ne lui ont pas fait oublier, qui ne veut être que l'usufruitier d'une partie de la fortune amassée par son travail ; tient, par une dé-licatesse suprême, à paraître nous rendre ce qu'il nous donne ; confie pendant trois ans le secret de ses intentions généreuses à la discrétion d'un ami fidèle, et, dérobé par la mort à notre gratitude, ne veut accepter que pour son nom la mémoire éternelle que notre reconnaissance réserve à ce bienfait.

Né à Grenoble en 1825, Émile Jay vint au Palais en 1849, et se fit inscrire au stage. Secrétaire de la confé-rence pour l'année 1851-1852, il dut quitter Paris pour échapper aux recherches que lui valurent ses opinions républicaines, Il revint parmi nous en 1855 et ne nous quitta plus. Il ne faut pas, mes jeunes confrères, vous ha-

bituer à juger du rang que les avocats occupent au barreau par le bruit que leur nom fait au dehors, et vous
trouverez au Palais une foule de confrères excellents,
doués des mérites les plus solides, très redoutables adversaires et très utiles alliés, jouissant d'une grande réputation de savoir, placés très haut dans l'estime des magistrats et des hommes d'affaires, mais éloignés par le
hasard de la clientèle des causes retentissantes et des
curiosités de l'opinion. Jay était l'un des premiers dans
cette phalange qui forme le véritable noyau de notre
Ordre, et lui vaut sa renommée séculaire d'habileté et de
science. Il discutait avec vigueur ses affaires, qu'il étudiait avec un soin minutieux, et l'honnêteté d'une conviction toujours ardente se peignait sur son visage et se
trahissait par tous ses gestes. Avec cela d'une bonté sans
égale, il apportait dans tous nos rapports une douceur
charmante qui le faisait aussitôt aimer. Il était à la fois
très franc et presque timide, d'opinions très fermes avec
les manières les plus douces, et quand il refusait quelque
chose, c'était assurément lui qui en souffrait le plus. Républicain convaincu et catholique sincère, il trouvait dans
sa foi religieuse le plus ferme appui pour sa foi politique,
et il montrait comme elles s'allient en consacrant les loisirs que lui laissait le Palais à l'étude des questions
sociales les plus délicates. Les associations ouvrières
occupaient surtout son esprit. Il y voyait un moyen
ingénieux et légal de diminuer cette distance entre la
richesse et la misère dont le contraste est si aisé à mettre

en relief, et entretient l'animosité envieuse dont les ambitions perverses peuvent essayer de profiter. Il étudiait avec amour le fonctionnement de ces sociétés ; il en cherchait les meilleures formules. C'est au milieu de ces utiles travaux que la mort l'a pris, nous laissant du moins la consolation de le retrouver dans un fils dont les débuts montrent déjà ce que valent les traditions et les exemples.

Adolphe Lacan a eu, dans un degré éminent, toutes les qualités d'un avocat excellent et quelques-unes de celles qui font les grands avocats. Son père était magistrat, et l'éducation de la famille lui donna de bonne heure la simplicité des mœurs judiciaires. Il fit d'excellentes études, après lesquelles il vint à Paris faire son droit et travailler en même temps dans une étude. Le grade de docteur conquis en un an, il se fait inscrire au stage, et s'attache comme secrétaire à un avocat à la Cour de cassation ; il parle en même temps à la conférence des avocats dont il devient secrétaire, à la conférence Molé dont il devient président ; il débute au Palais, et grâce aux deux Dupin, ses compatriotes, il est chargé presque aussitôt de causes qu'on ne confie guère à de jeunes avocats ; il les plaide à merveille ; son élocution facile, son style clair et suffisamment orné, la sûreté de sa méthode, la précision de son argumentation, le travail patient avec lequel il défriche toutes les parties du procès, l'habileté supérieure avec laquelle il le résume, la fermeté de la pensée unie à la modération du langage attirent et retiennent l'attention de tous : on l'entend aujourd'hui, cela est bien ; on l'entend demain, cela est encore bien ; cela est toujours bien. En 1846, il entre au conseil, et depuis il n'en est pas sorti. Il avait alors trente-six ans, et ce seul fait donne la mesure de la grande autorité qu'en quinze ans il avait conquise parmi ses confrères. Il la devait à l'équilibre merveilleux de toutes ses qualités et au travail par lequel il le maintenait, et c'est bien de lui qu'on peut dire, en dérobant un vers à cette muse latine qu'il aimait tant :

. . . . Cui lecta potenter erit res,
Nec facundia deseret hunc, nec lucidus ordo.

Jusque-là, sa renommée n'était pas sortie du Palais ; elle en franchit les limites en 1847, avec le procès du *Constitutionnel* et de la *Presse* contre Alexandre Dumas. Les deux journaux demandaient contre lui l'exécution du contrat le plus clair et le plus formel ; aussi l'intérêt n'était-il pas dans le procès qui ne supportait guère l'examen, mais dans la présence du glorieux romancier venu à l'audience pour présenter lui-même sa défense. C'est un danger d'avoir un adversaire sur lequel se concentre toute la curiosité publique ; c'en est un autre d'avoir trop évidemment raison ; car on court risque d'engager tout entière à la cause adverse l'opinion qui relève volontiers les causes vaincues. Lacan échappa à ce double péril avec un tact et une adresse admirables ; sa réplique est un petit chef-d'œuvre d'esprit et de bon sens.

Le succès fut très vif, si vif qu'on s'en souvient encore, et le dirai-je? que peut-être on s'en souvient trop. Dans notre profession, du moins, un seul chef-d'œuvre nuit plus qu'il ne profite à la réputation de son auteur. Cet éclat extraordinaire qu'un jour on a jeté efface un peu le reste de la carrière. Cette cause était frivole après tout, et il n'y était besoin que d'esprit et de goût. Mais il ne faut pas oublier que, pendant quarante ans, Lacan a été chargé des plus importantes affaires, qu'il les a toutes plaidées avec l'habileté d'un avocat consommé, et qu'il n'a jamais été au-dessous d'aucune. Voilà son œuvre, œuvre grande et belle, et qui marque le rang auquel il a droit dans nos souvenirs.

J'oublierais l'un des traits les plus saillants de son caractère, si je ne rappelais une opiniâtreté de labeur qui ne s'est interrompue que pour la mort, et devant laquelle les plus actifs pourraient craindre d'être taxés de paresse. Pendant quarante années, Lacan n'a pour ainsi dire pas accordé un seul jour à un repos qui lui aurait paru de l'oisiveté. Vous connaissez tous son bel ouvrage sur la législation des théâtres; mais ce que vous ne savez pas, c'est le nombre immense de consultations qui lui ont été demandées, de sentences arbitrales auxquelles il a pris part, de rapports présentés au Comité judiciaire de la Ville de Paris dont il est mort président, et lorsqu'enfin le travail professionnel manquait à son activité infatigable, il retournait aussitôt vers les vieux auteurs qui avaient enchanté sa jeunesse, ou vers les chefs-d'œuvre de

la littérature italienne pour laquelle il avait une prédi-
lection marquée. Mais là encore tout était réglé ; il ne
passait pas d'Horace à Virgile, de Dante à l'Arioste au
gré de la fantaisie du moment. Il se promettait, quand
viendraient les vacances, de relire un ouvrage, et il le
relisait, la plume à la main, se faisant comme dit Mon-
taigne, une mémoire de papier, et laissant derrière lui de
volumineux cahiers tout remplis du témoignage de son
incessante activité. Ainsi, jusque dans le plaisir même, il
faisait pénétrer l'idée de la règle, de l'ordre, de la méthode, du devoir consciencieusement rempli.

Enfin, ces qualités solides étaient accompagnées d'une
bienveillance qui en tempérait la gravité et répandait un
air de sérénité constante sur son frais visage si bien en-
cadré par ses cheveux blancs. La caisse de l'Ordre en
reçut, il y a cinq ans, un large témoignage, et Lacan
nous expliqua cette libéralité qui devançait l'heure
dans une lettre connue de vous tous, où les préoccupations du légiste se mêlaient d'une façon involontaire et
charmante à l'expression des plus affectueux sentiments.

La jeunesse du barreau ne tenait pas une moindre
place dans ses pensées de chaque jour. Que n'a-t-il pas
fait pour elle? Pendant longtemps il a dirigé et présidé
lui-même une conférence de jeunes avocats ; membre du
conseil, il avait classé dans un ordre méthodique toutes
les matières que doit parcourir l'enseignement des co-
lonnes, et ces notes, qu'il avait rédigées pour lui-même,
sont comme le catéchisme complet des règles de notre

profession; bâtonnier, il n'y avait soin qu'il ne prît pour diriger les travaux de la conférence, et les rendre à la fois intéressants et féconds.

Ainsi s'écoula cette vie paisible, heureuse du premier jusqu'au dernier jour, simple sans austérité, éloignée sans affectation du tumulte extérieur, partagée tout entière entre le Palais et le foyer domestique, consacrée aux plus nobles travaux, poursuivis avec une opiniâtreté calme, régulière, infatigable, ornée par la culture des lettres, éclairée de temps à autre par un rayon de la renommée, trouvant en elle-même son délassement et sa récompense, et méritant ainsi de recueillir par surcroît, avec l'autorité qui s'attache au talent, l'estime et l'affection de tous. La vieillesse même lui a été clémente; elle lui a permis de travailler presque jusqu'au dernier jour; et quand la mort est venue, il l'a accueillie avec une sérénité résignée, comme s'il avait songé à ce beau vers de Martial :

Summum nec metuas diem, nec optes.

N'était-ce pas assez de deuils, mes chers confrères, et devions-nous encore subir une perte nouvelle, non pas plus grande, mais rendue plus douloureuse par l'agonie qui l'a précédée?

Au moment où les vacances nous ont dispersés, notre malheureux bâtonnier vivait encore. Nous nous étions accoutumés, comme les siens eux-mêmes, à cette langueur qui avait endormi jusqu'à la souffrance ; la vigueur qu'attestait une si longue résistance rendait légitime un reste d'espoir ; mais dès les premiers jours de septembre le mal fit des progrès rapides et notre cher malade nous fut enlevé, comme s'il avait attendu pour mourir la fin de cet honneur reçu avec tant de joie, et rempli au milieu de souffrances si cruelles et si courageusement supportées.

Singulière destinée que la sienne ! Parcourez d'un regard sa longue et belle carrière. D'un bout à l'autre, vous n'y trouverez qu'un continuel succès. Il ne connaît ni l'amertume des débuts, ni le découragement de l'attente. A peine il paraît, qu'on l'écoute et qu'on le distingue. Sa renommée grandit par une progression régulière et sûre. Pendant vingt ans, il est mêlé aux plus grandes causes, il est l'adversaire quotidien des plus puissants. Il est quinze ans membre du conseil, enfin il devient notre chef. Comme il est encore jeune et vaillant ! Que de belles plaidoiries lui réservent les années fécondes d'une vigoureuse vieillesse ! Comme il va goûter les jouissances délicates de ces purs honneurs pour lesquels il est si bien fait ! Comme il va savourer le fruit bien gagné de toute une vie d'éloquence et de travail ! Comme il est heureux, et comme il s'apprête à l'être ! Hélas ! tout ce fragile édifice de prospérités et d'espérances s'évanouit en un instant ; la maladie l'accable de douleurs dont le seul spectacle nous faisait frémir. En vain il lui oppose un courage admirable ; au moment où la science semble avoir dompté le mal, l'insaisissable Protée lui échappe ; il re-

paraît sous une autre forme; il brise cette activité qui ne
connut pas le repos, et consume peu à peu, dans une lente
et progressive agonie, l'enveloppe de cette âme ardente,
qui ne brûla jamais que de passions généreuses et pures :
Quel contraste et quel souvenir !

Jules Nicolet naquit à Paris en 1816; l'aisance de sa
famille lui épargna ces premières difficultés de la vie
qui pèsent si lourdement sur les débuts de la carrière.
Après de brillantes études suivies au collège Rollin, il fit
son droit et travailla en même temps dans l'étude de
M. Denormandie. En 1842, il parut à la barre, et jamais
il ne l'a quittée. Nul patronage ne l'y soutenait; mais
aucun ne lui était nécessaire. La nature l'avait formé
pour plaire et lui en avait donné le désir; beaucoup d'esprit et du meilleur, une grâce extrême, une séduction
naturelle, le goût du monde, une parole brillante et facile,
un cœur ouvert et généreux, une puissance de travail peu
commune, lui valurent au Palais de rapides succès. Cependant la carrière est si lente, même aux plus favorisés,
que pour la première fois en 1859, son nom se trouve
associé aux plus illustres. Il fut chargé de défendre Gomez
dans l'affaire d'Orsini. Ce Gomez cherchait, ce qui est
assez naturel, à dérober sa tête à l'échafaud, et pour y
parvenir, il prenait une de ces attitudes équivoques, toujours si dangereuses en face du jury. Nicolet n'en sut pas
moins faire admirer la défense de Gomez à côté de celle
d'Orsini.

Cette plaidoirie le mit au premier rang, et depuis il

ne cessa d'être mêlé aux plus grands procès. L'affaire de Montmorency qu'il plaida contre Dufaure et Berryer, l'affaire du testament du duc de Grammont-Caderousse, l'affaire des Messageries maritimes contre la compagnie de Suez, les procès contre les administrateurs de la Société Immobilière et du Crédit mobilier, celle des baromètres anéroïdes de Bourdon, celle des machines à fabriquer de la glace, des séparations de corps retentissantes, toutes ces causes disent assez quelles étaient la souplesse de son talent et la variété de ses moyens. La diversité même de ces procès stimulait son infatigable ardeur, et l'on sentait qu'il éprouvait une sorte de plaisir à parer de toutes les séductions du langage ce qui y résiste le plus, des chiffres, des principes de physique et des formules de chimie.

Que vous dirai-je maintenant de sa parole? Vous l'entendiez hier, et j'ose à peine essayer de préciser des souvenirs qui sont les vôtres en même temps que les miens. Il s'est peint lui-même tout entier dans ce merveilleux discours, par lequel il inaugura son douloureux bâtonnat. Il vous conseille la patience, et pour vous la rendre à la fois profitable et facile, il passe en revue les études auxquelles vous devez employer les loisirs de cet autre stage qui dure un peu plus de trois ans. Il ne s'inspire ni de Quintilien, ni de Cicéron, ni de Loysel, ni de Delamalle ; sans bien s'en rendre compte peut-être, il se souvient et il écrit. Avant tout, il vous donne pour compagnon le travail qui a été l'ami fidèle de toute sa vie. Il ne veut pas que vous

vous acharniez à l'étude des controverses juridiques; à ses yeux, la connaissance des principes fondamentaux constamment éclairée par la philosophie des lois doit suffire, car elle guide comme d'instinct vers la solution les problèmes juridiques; où trouverai-je un trait qui peigne mieux sa façon de discuter? Il vous détourne de la politique, en avouant qu'il n'a jamais eu de goût pour elle; il vous engage à ne pas craindre le commerce du monde et à rechercher les fines jouissances d'une spirituelle causerie, et je crois entendre l'écho de ces entretiens charmants où la grâce et la coquetterie de son esprit se donnaient carrière. Il vous entraîne vers la littérature et vers les arts, et à la façon dont il en parle, on devine aisément quelle place ces nobles plaisirs ont occupée dans sa vie. Et puis, après avoir ainsi passé la revue de ses études préférées, il élève à la jeunesse un hymne passionné; c'est à la vôtre qu'il l'adresse; c'est à la sienne qu'il songe, si bien qu'entraîné par le torrent des souvenirs, contemplant votre avenir à travers son passé, sentant son cœur rajeuni battre à l'unisson des vôtres, il pourrait dire avec son poète favori :

« Tout ce qui m'a fait vieux est bien loin maintenant ! »

A présent, regardez au style de ce discours, et vous reconnaîtrez à chaque ligne une qualité qui domine toutes les autres et donne à sa parole un caractère aussi marqué que peut l'être le son de la voix. Voyez ces idées ingénieuses, ces pensées délicates qu'il se

donne la jouissance d'achever, ces expressions reprises,
ramenées sur elles-mêmes, ces épithètes qui font un
contraste voulu avec le mot auquel elles s'attachent,
cette allure surveillée, ces phrases où chaque mot est
choisi, où ne se glisse aucune de ces pensées inter-
médiaires qui servent à d'autres comme de passage
entre les principales pensées, ce soin continu et toujours
égal, ces images toujours littéraires, et vous reconnaîtrez aussitôt les mérites de cette élégance raffinée vers
laquelle il était attiré par tous les penchants de sa nature,
et dont il était parmi nous le modèle achevé.

Mais les beautés de style dont ce discours étincelle sont
peu de chose auprès des sentiments d'amour pour la
jeunesse et de dévouement à ses intérêts qu'il éprouve si
vivement et qu'il exprime avec une si touchante sincérité.
Je me trompe en parlant ainsi ; la jeunesse, nous l'aimons
tous ; lui, il aime les jeunes gens, il s'en entoure, il tra-
vaille avec eux, il guide leurs pas, corrige leurs essais, et
cette pléiade d'avocats formés par lui et qui deviennent
des maîtres, dit assez ce que valait un pareil patronage.
Cette tendresse a rempli sa vie, et l'on en retrouve la
trace jusque dans le legs qu'il a fait en faveur de l'Ordre.
Mais le voilà bâtonnier ; cette fois, il sort de son cabinet,
le stage tout entier lui appartient ; aussi de quelle voix il
vous appelait à lui ! Comme son cœur s'élançait vers
vous ! Et nul n'oubliera ces premières conférences, trop
vite interrompues, dont j'aurais, mes jeunes confrères, à
redouter le souvenir, si je ne vous savais disposés à oublier

ne expérience moins consommée en faveur d'un égal
évouement.

Et maintenant que nous avons accompli ensemble ce
ieux devoir et enseveli côte à côte, comme des guerriers
ombés dans le même combat, toutes ces chères et dou-
ureuses mémoires, il faut faire un retour sur nous-
êmes, mesurer le vide que cette cruelle année a fait
ans nos rangs, et nous préparer aux efforts que nous
npose la nécessité de le combler.

Je ne vous ai pas parlé aujourd'hui des travaux si va-
és que notre profession exige; je n'ai voulu vous entre-
nir que de nos règles, parce que j'ai la conviction pro-
nde que de leur exact maintien dépend cette gloire
ommune dont nous sommes à bon droit si jaloux et si
ers. Plus les distinctions sociales s'effacent, plus les
ngs s'égalisent, plus la richesse devient inconstante et
obile, plus il faut que chacun soit à son tour l'artisan
 sa propre fortune, plus les nécessités de la vie devien-
ent grandes, plus l'ambition peut se promettre de ra-
des succès, plus les tentations deviennent redoutables
r les besoins qui les font naître, et par les facilités
 elles rencontrent, et plus vous verrez l'opinion, se re-
ant en arrière par l'instinct de la conservation sociale,
esurer la considération et l'estime à l'étendue du dé-
uement, à l'oubli de ses intérêts, au sacrifice de sa
erté.

Mais surtout, mes jeunes confrères, lorsque dans cette

rude et magnifique carrière, vous rencontrerez des obstacles, des doutes, des découragements peut-être, n'oubliez pas que vos anciens réclament votre confiance comme un acte de reconnaissance auquel ils ont droit. Du jour où nous vous inscrivons au stage, nous voyons en vous, non pas seulement des confrères, mais des continuateurs de notre œuvre, des héritiers de nos ambitions et de nos espérances. C'est là un trait que notre profession a de commun avec les plus nobles. On se détache aisément du métier auquel on n'a demandé que l'emploi du temps ou les moyens de soutenir l'existence. Dès que le but est atteint, l'homme se dégage sans regrets, et ne s'avise guère de songer à l'avenir de la profession dont il a vécu. Nous, au contraire, nous nous attachons à la nôtre chaque jour davantage. Elle nous devient chaque année plus chère, autant par les soins qu'elle nous coûte que par les joies qu'elle nous donne. L'égoïsme étroit de la personne est vaincu par l'affection que nous portons à notre Ordre; nous mettons notre liberté dans son indépendance, notre dignité dans son éclat, notre renommée dans sa gloire même; et quand vient le moment où nous sentons que l'avenir est désormais moins long que le passé, nous portons nos regards vers les horizons lointains, et voyant passer alternativement sur la plaine de grandes ombres et de vives lumières, nous cherchons à deviner si ces cieux inconnus auront pour notre profession des sérénités ou des orages, et cela sans mélancolie, sans fausse tristesse, n'ayant pour le

ussé ni louange maussade, ni dédain, convaincus que le
rogrès est dans l'avenir, rêvant pour notre Ordre plus
'éclat et de grandeur encore, et de ce côté du moins,
oujours jeunes et toujours ardents.

Paris. — Imprimerie Arnous de Rivière, rue Racine, 26.